Semiadioses

ERIC COLÓN

Primera Edición.

Semiadioses

Ilustración de cubierta: Fabianne Besosa
Ilustraciónes: Camila Rivera
Servicio de Publicación: Autorlab.com

ISBN: 9798637170265
Imprint: Independently published

Correo: ericcolon035@gmail.com
Instagram: @semiadioses
Twitter: @ericcolon350

Para:

Mi familia, por formar

Norwill, Rocelly, Dalmau, Félix, Lynnet, Marta y Solmary por enseñar

Catalina Isabel Pino, Gabriel Jimenez, María López, Fabianne Besosa y Ventura Peluzzo, por escuchar

Sofía Arenas, Rafael Ramos, Daniel, Camila, María Isabel, Virella, Rossana, Pepe, Pelli, Alej, Clo y Paula Isabel, por siempre acompañar

Abuela Ana, Melba Navas, Gabriela Angelie y María T, por entender

Sarah, Néstor, McRoberts, Raúl, Fabiana, Leticia, Sofía Castro y Lee Van, por creer

Mamá y Papá, por ver

Para Abuela Anie, por descubrir antes de que yo pudiese imaginar

Y para la misma musa que viene y va.

AGRADECIMIENTOS ESPECIALES

Julio Cortázar, Eduardo Galeano, René Pérez y Flor de Luz Soto por guiarme, al número 2 por despertarme y a María Gabriela Gelpí por regalarme el libro que me motivó a reinventarme.

PRÓLOGO

De Juglaría, rayuelas y antipoesía: La poesía de Eric Colón

Ya lo había anunciado Neruda en 1935: que a poesía, concebida muchas veces como lejana, intrincada de imágenes y rimas, habitante de la ensoñación y lejana de lo urbano, habría de transmutar a una poesía con un hablante lírico más cercano, humano y angustiado por las vicisitudes de la modernidad y cotidianidad:

> Así sea la poesía que buscamos, gastada como por un ácido por los deberes de la mano, penetrada por el sudor y el humo, oliente a orina y a azucena salpicada por las diversas profesiones que se ejercen dentro y fuera de la ley. Una poesía impura como traje, como un cuerpo, con manchas de nutrición, y actitudes vergonzosas, con arrugas, observaciones, sueños, vigilia, profecías, declaraciones de amor y de odio, bestias, sacudidas, idilios, creencias políticas, negaciones, dudas, afirmaciones, impuestos.[1]

Esa poesía, mirada ya desde el Vanguardismo de principios del siglo XX y conocida años después con el alias de antipoesía que le inventa el poeta Nicanor Parra, paradójicamente no es una negación de la poesía. Más bien, la antipoesía, es una celebración poética por la inclusión de aquellos elementos cotidianos y populares considerados como no poéticos en la poesía escrita de manera tradicional. La poesía, por tanto, se nutrirá de aquellos elementos considerados antipoéticos para volver a pensar y a decir el ser humano.

---

[1] Pablo Neruda, "Sobre una poesía sin purezas", *Caballo verde para la poesía*, I, octubre de 1935, p. 5

La llamada antipoesía es el resultado de un cambio de mira, de una percepción disímil de la poesía por un nuevo hablante lírico que se funde con el poeta y escribe desde su realidad humana, colectiva y social. Es un todo poético vertido en un entorno familiar y popular, enmarcado por una fuerza humana que le lleva a fundirse con el otro que le lee y comparte su yo:

> ¿Qué mira el artista para crear? El artista mira miradas. En el repertorio y glosario del canon imaginario, que supone el diccionario, no figuran palabras que verbalizan en un enunciado descriptivo lo que nos dicen los ojos en su viaje transitorio. La razón para esto es que sería un acto de violencia el delegar a la boca con exigencia la labor de expresar lo que las pupilas gritan con o sin prudencia. Una violación vía acción a sus existencias por separadas...El arte no necesita interpretaciones rebuscadas. El artista es lo más cercano a un traductor de miradas.[2]

La antipoesía, como la poesía pura que anhelaba Juan Ramón Jiménez se desviste: "Y se quitó la túnica, y apareció desnuda toda. ¡Oh pasión de mi vida, poesía desnuda, mía para siempre!"[3], se viste de urbanidad y se entrega sin maquillaje, "rizada por el viento y pintada por el sol"[4] como dice nuestra gran Julia de Burgos, a poetas y lectores, cada día más jóvenes y ávidos de encontrar con su poesía coloquial y cercana una elucidación de su realidad.

Más cercano a nuestra nación, la obra poética de Hjalmar Flax, se revela ante nosotros como poeta, artífice y nuestro

---

[2] Eric Colón. "El traductor de miradas /1" *Semiadioses*, p.36

[3] Juan Ramón Jiménez, "Vino primero pura"

[4] Julia de Burgos "A Julia de Burgos" parafraseada por mí.

precursor más preclaro de la llamada "antipoesía".[5] Esta poesía conversacional, lírica y muy personal, convoca al lector a acercarse a la poesía a través de lo cotidiano atraído por un tono que él llama menor:

> Prefiero el tono menor. Es el tono de lo cotidiano, de los pequeños triunfos y fracasos, de las alegrías y frustraciones que experimentamos a lo largo de nuestros días. Es el tono de la duda. Es el tono del sentimiento pasado por la realidad. Es el tono de la persona que no ha renunciado al juicio crítico. Es el tono de la cordura. [6]

Si algo permea en la poesía de Eric Colón es precisamente ese tono menor del que habla Hjalmar Flax. Existe en la poesía de Colón una glorificación del sentimiento y la mirada a una ¿realidad? Muchas veces cuestionada, rechazada y vuelta a hacer a través de la palabra y la poesía.

Ahora bien, ¿cómo construye Eric Colón su primer poemario? Rindiendo un homenaje a Julio Cortázar y a su innovadora novela *Rayuela* publicada en 1963, dentro de lo que conoceremos luego como el Boom hispanoamericano. En primer lugar, definamos rayuela. Rayuela es un juego infantil y tradicional de encasillados, piedras sueltas e intentos de saltar con

---

[5] Hjalmar Flax nació en 1942, estudió Literatura en Pennsylvania y en Puerto Rico. También se recibió en Derecho en la Universidad de Puerto Rico. Fue abogado hasta el 1998, es piloto y ha escrito doce poemarios desde la década del sesenta. Su más reciente poemario en inglés "50-ODD POEMS" se publicó en 2017. Ha sido traducido al inglés, al rumano y al francés. Poeta innovador, visceral, irreverente, y conversacional, construye una antipoesía cínica, irónica y sobretodo muy humana.: "Si algo me mueve a decirte te quiero,/eres tú." ("Homografías"), ("Hobby"): "Colecciono pequeños desencantos. /Por ejemplo, llamadas telefónicas." ("Alusión"): El mar es ancho y ajeno, sin duda, como el mundo. /Gozo de la amplitud /disfruto el vuelo/, pero si se apaga el motor: Cero Alegría. La alusión del poeta es a la novela emblemática del escritor peruano Ciro Alegría *El mundo es ancho y ajeno.*

[6] Edgardo Rodríguez Juliá. "Entrevista a Hjalmar Flax" "La Torre" XV.55-56 (enero-junio 2010): 357-361.

una sola pierna y evitar las rayas o encasillados señalados hasta llegar al final. En Puerto Rico, la "rayuela" se convierte en "peregrina". Sucede que Cortázar convierte una novela de la casi setecientas páginas en un ejercicio lúdico de estructura narrativa. En una rara, innovadora e ingeniosa advertencia al lector, antes del primer capítulo, aparece un tablero de dirección con el que el autor implícito apela a un lector dinámico y travieso para que juegue con él para armar diferentes lecturas de un mismo texto. Así, las recomendaciones serán por capítulos, saltos y omisiones hasta construir un texto para lector. Así, el texto se convierte en la estructura en un extraordinario juego de metaliteratura. Rayuela es la novela de la búsqueda, los desencuentros, del mirar hacia el interior de los personajes Colón traslada esta intención cuando en su poemario establece lo siguiente en "Semiadioses 9":

> A su manera este libro puede leerse de múltiples maneras, siendo muchos libros a la vez, pero sobre todo es tres libros. El lector está en toda la libertad de escoger cual quiere leer: El primer libro se lee cronológica y tradicionalmente, leyendo todas las páginas en el orden aquí provisto.
>
> El segundo leyendo única y exclusivamente todos los Semiadioses en orden cronológico del uno al veintidós. Y el tercero leyendo los mismos o solo algunos Semiadioses en el orden que usted desee y cree, llenando los blancos de una gran historia abierta.

Esta acción transgresora promete a cada lector la construcción de su propio poemario. Y a través de un guiño lúdico el hablante lírico invita a llenar los espacios abiertos con su propia poesía. Todo en este poemario está enmarcado en una intención lúdica que juega con las estructuras, conceptos y palabras (semidios - semiadioses), entre muchos otros. Desde pensamientos lanzados al aire con una evidente intención retórica hasta hermosos fragmentos de prosa poética pasando por agudas críticas a la sociedad contemporánea, el poemario que Colón no quiere que sea, se convierte en una especie de "soundtrack" de aquel joven que deja de ser y comienza a sentir y a mirar con otros ojos a una realidad que comienza a ser cuestionada, rechazada y vuelta a hacer a través de la poesía:

> Escribo y creo a modo de conversación Tengo miedo a llenar el bolsillo y dejar vacío el corazón Vivo sin saber, espero tener razón Pienso más que mucho pero no es una obsesión Con la gente me frustro, no entiendo que no entiendan No me explico, pero quiero que comprendan Lo más probable mi vida sea un cable Por fuera estable y por dentro vulnerable Podría hacer tantas cosas, pero esta es la más viable. Admitir que quiero saber quién soy Lo que me están quitando, también es lo que doy El mañana, a veces me jode el hoy Controlo lo que puedo, sé a dónde no voy Si este libro no es lo que soy, quizás sea dónde estoy.

Este nuevo ser que se expresa vulnerable al amor y a la sociedad, reclama su espacio para decir, para escribir y construir un mundo para sí al que nos invita a entrar y cambiar, si queremos, los muebles de la sala.

Semiadioses es un texto que se inserta en los que conocemos como una nueva modalidad de la nueva y joven poesía puertorriqueña, en la que no podemos descartar lo que conocemos como el espectáculo, el "performance". Vida y arte se funden en el cuerpo del artista y su medio de difusión ya es no solo la lectura. Incluye, la imagen, el vídeo, la red, las lecturas callejeras, la presentación teatral de los versos. En un mundo donde la sabiduría, el conocimiento y la inspiración están en la inmediatez de un celular, no es de extrañar que as artes se confundan en una gesta y en una amalgama de expresiones artísticas disímiles con el propósito de construir una obra única.

Sabemos que Colón es un enamorado del teatro, el histrionismo, la oratoria, por tanto no es raro que esa parte la historia aparezca en su poesía: figura antagónica, histriónica, histriónico, entre otros. También al leer el texto, es como si "viéramos" por ratos, al hablante lírico diciendo o actuando sus versos. Es una sensación repetida especialmente en sus pensamientos cortos o en los fragmentos anecdóticos o narrativos. Sin embargo, dentro el poeta se sabe juglar. Sus versos no son solo suyos, los actúa para un público que siente y vibra con él las peripecias de un héroe cuya hazaña es precisamente vivir.[7]

Hay una mención significativa de sendos mesteres en los versos del poeta. La amada se convierte no solo en inspiración sino en ordenadora de sus pensamientos juglarescos: "Soplaste en mis páginas las brisas de poesía de las que tanto carecía y sin saber que sabías le supliste clerecía a mi juglaría" Entonces, el hablante líco se convierte en heredero de aquellos contadores populares de calle y esquina de nuestras primeras letras, en un juglar urbano contemporáneo que cuenta a través de una poesía intensa, no las hazañas de héroes construidos, sino del ejercicio heroico de vivir, se sentir, de transmitir un sentimiento crudo y visceral. Una poesía que

---

[7] Un juglar es aquel artista popular de la Edad Media que como parte de su espectáculo en el que podían incluir malabarismos y piezas musicales cantaba o actuaba versos en las recién creadas ciudades para ganarse la vida durante los siglos del X al XIV. Con ellos, destacaban las hazañas de los grandes héroes épicos de la época. Surge así el mester de juglaría (mester-oficio) de juglares quienes, muy temprano en la literatura castellana, presentaban características similares: versificación irregular, improvisación y asonancia en la rima de los versos. Rivales en la incipiente literatura castellana del clero (que no solo incluía a los miembros de la Iglesia, sino a todo aquella persona culta que supiera leer y escribir) su mester se distanciaba del de clerecía el cual se distinguía por la corrección, la monorrima consonante y la forma de la cuaderna vía. Además utilizaban recursos poéticos como la metáfora y el símbolo. *El Libro de Alexandre* (siglo XIII) nos presenta lo que quizás sea la primera "tiraera" literaria, cuando al definir el mester de clerecía presentada en el texto, menosprecia el carácter popular del mester de juglaría: "Mester traigo fermoso / non es de juglaría / mester es sin pecado, ca (este) es de clerecía / fablar curso rimado / por la cuaderna vía / a sílabas contadas, ca es grant maestría".

toma la calle como escenario y que recita popularmente la poesía de la vida.

Semiadioses esá cimentado en en el adiós que no llega, el no definitivo, de aquel que viene y va, producto del tránsito al que estamos acostumbrados todos los puertorriqueños. Y mientras, las miradas son líricas y críticas del amor y la realidad social que rodea a nuestro poeta. Un ejemplo de este lirismo lo logra en un fragmento de poesía en prosa que recuerda al cuento "La noche que volvimos a ser gente" de José Luis González. En él, el hermoso recuerdo de su abuelo se funde con el materialismo infame de la sociedad materialista y utilitarista que sume al poeta en un luctuoso insomnio por los huérfanos de estrellas e igualdad.

> Me dijo mi abuelo que en Nueva York intercambiaron las estrellas del cielo por las falsas estrellas del suelo. Cuando tuve edad para verlo con mis propios ojos desarrollé este insomnio con corriente de riachuelo, un desvelo diario en forma de duelo. Un duelo en honor a mi abuelo, al antiguo cielo y, sobre todo, en honor a las víctimas de este nuevo camelo de la sociedad "modelo", que arropa a algunos de sus hijos con vanidades como consuelo por haberles quitado a otros su única manta de terciopelo. (Colón, "10038").

En "Pre-stitución", el poeta pide la palabra dentro de una asamblea imaginaria dentro una sociedad marcada por la desinformación, la mentira, la deshumanización del sentimiento. Pero más que todo, por la claudicación de los ideales en favor de la corrupción y la comodidad. Y la denuncia es callada por esa entidad –sistema que ordena al poeta que calle su crítica, sus quejas y sobretodo su poesía:

Pre-stitución

-Habla

+Existen muchas otras maneras de prostituirse, maneras que no involucran tener sexo ni desvestirse. Se prostituye la palabra cuando se decide mentir, mentirse o repetirse a sí mismo las mentiras para ver si así se convierten en verdades y autoconfundirse.
Se prostituye el pensamiento cuando se mezcla con el sentimiento. Se prostituye la mirada cuando no es correspondida o va desviada.
Se prostituye el corazón cuando se le condena a seguir la razón. Se prostituyen los ideales para perseguir intereses individuales.
Se prostituye la vida cuando se persiguen recuerdos y no posibilidades
Y así mismo se va la transparencia y le sigue la lealtad, y cuando te das cuenta estoy hablando de nuestra realidad actual. Y ya nada es igual

-Calla

El hablante lírico también crítica la vaciedad de la sociedad y su culto al cuerpo, dejando a un lado el cultivo de los sentimientos: ... "Cada vez se necesitan más senticulturistas en un mundo al cual le sobran los fisiculturistas (Colón, Cultura/1).
Mientras, en " La política/1" presenta un texto en el a través la ironía se presenta el trágico espectro de la política de nuestro país. Nótese la intención narrativa del poema, la anécdota, el monólogo interior y su final contundente:

> Estaba acostado y desvelado una noche de sábado con la radio a mi lado, pensando en lo que hace unos minutos había escuchado e imaginando cuál sería la respuesta del grupo atacado.

> "Cuando ellos comiencen a hacer para ser y paren de decir para fingir, nosotros podremos distinguir quiénes vienen a cumplir y cuáles vienen a destruir."
> A la siguiente semana el programa estaba censurado
> Era de esperarse,
> El agresor siempre busca victimizarse.

Una de las características del texto de Semiadioses, es la inclusión de pensamientos y prosa poética metaliteraria. Con ella, de reflexiona a través de la escritura sobre la literatura misma, el ejercicio de la escritura y su extraordinario poder de transformar el mundo: "Lo literal de la literatura es que no existe forma más pura de tergiversar las realidades más puras para mostrar, sin explicar, lo que es la luz cuando se vive a oscuras" (Colón, "Semiadioses 9")

> "Escribir es partir de lo simple y saltar lo llano, mezclar la belleza de la primavera con el calor del verano. Desnivelar lo plano. Levantarse tarde para terminar temprano. Rejuvenecer de la mano de tu mano a un idioma anciano. Reconstruir el imperio romano componiendo en castellano. Inyectarle fe a un pueblo "cristiano". Poner grave a un soprano. Sentir libertad sin ser norteamericano. Sacarle palabras a las teclas del piano. Escribir es todo menos en vano, si con mis familias de palabras puedo hacerlos hermanos". (Colón, "Escribir")

También el escritor se enfrenta a la realidad de la literatura. La realidad del artificio y de lo imaginario, la de volcar la visión de un mundo compartido desde siempre por otros quienes, a través de los siglos y las edades plasman los mismos temas humanos aunque desde perspectivas disímiles conforme el contexto histórico en donde fueron gestados. De ahí, que la literatura, la igual que el hombre, comparta su universalidad y su carácter infinito porque es hija de su creación:

> "Todo está dicho, más no de todas las maneras posible…En ocasiones, antiguas lecciones deciden terminar con sus vacaciones y comienzan a trabajar en canciones, opiniones, guiones y discusiones. Por aquello de recordarle al mundo que siguen siendo opciones. De vez en cuando van reencarnando frases que estábamos ignorando, recuperando a la fuerza el trono que la jerga moderna les estaba ocupando. A veces vuelven a circular de manera regular, como si quisieran salir un rato a jugar, expresiones vacías que lanzamos al azar. Pero en este mundo (y en otros quizás) en este mundo con letras de más, narrativa eficaz, poetas sin paz y palabras para mí y para los todos los demás, siempre, siempre habrá –y se hablará– de más". (Colón, "El lenguaje es infinito")

Entre los textos originales de Colón, afloran unos muy interesantes como este que recuerda las alegorías y las fábulas de la Edad Media. Ejemplo de ello, es la llamada fiesta de los recuerdos. Estos, personificados, acuden a una fiesta que se convierte en la celebración del olvido falso, que es resultado de la supresión o la censura de los buenos y malos recuerdos:

> Se reunieron un día del fin, o del anticipo del principio los recuerdos para hacer una fiesta y cerrar un ciclo. Hacían ruido los recuerdos, para ser recordados, pero a la fiesta solo entraban aquellos que eran deseados. Una vez adentro solo los mejores llegaban al centro. Los lindos recuerdos de placer, alegría, saber y poesía gozaban su reencuentro. Aun así era en vano el filtro. Si, había canciones que allí no se podían tocar. Había palabras que no se podían articular. Había libros que no se podían leer. Había perfumes que no se podían oler. Había personas que allí no se mencionaban. Todo eso no estaba presente allí, pero allí estaba. Por esa razón pasarla bien no se pudo. Porque el pasado no deja de existir solo porque este censurado o porque lo hayan negado. Realmente no era

> la fiesta del recuerdo, sino la celebración del falso olvido. (Colón, "La fiesta de los recuerdos/1")

Sin embargo, las palabras más significativas del texto son dedicadas al amor. Permea en el texto la búsqueda y el y el desencuentro del amor. El poeta busca, encuentra, pierde, y vuelve a perder el amor. Se da cuenta que no puede sustituirla, la busca de nuevo. En "Crónica de dos peces" (¿Será por lo escurridizo de los peces entre las manos?) mediante la unión de contrarios, se patentiza el desencuentro de los amantes: despertar/dormías, ausencia/presencia, presencia/ ausencia, dibujos en las espaldas metafóricas mientras el otro duerme, escritura que no se lee por el amado, querer escapar, dejar ir, incógnita, respuesta, escribir con la amada poemas que leerá en soledad. Como su epígrafe, el desencuentro es el protagonista de esta historia de amor. Horacio Olivera busca a la Maga en *Rayuela,* incesantemente, al igual que nuestro poeta busca al amor.

También el amor transmuta al tema de la mirada y el deseo. Mirar que se mira, retirar y retomar la mirada de la amada, mientras creamos con ella una fiesta de colores que provocan envidia al mismo mar. El hablante lírico que se confiesa ciego y se dirige al mar que se mira y es mirado por la amada. El deseo totalizador vital y sensual de la probabilidad de unir, además de los cuerpos, el color azul de ensoñación del mar, el amor y el mundo del amante que se estrena por primera vez en la mirada de la amada.

> "Miraba la envidia alborotada del agua y la arena cuando veían la armonía del azul de su ropa con su piel morena y no quería ver nada más
> La veía a ella verle y juró que no quería ver nada más
> Pues solo poderle ver convertía sus miradas en el lugar al cuál el corazón iba a querer volver

> La mar era su mundo, pero ahora su mundo se encontraba frente a la mar". (Colón, "Su mundo era (L)a (-) mar/1")

Nos despedimos de un poeta que no quiso serlo. De un joven que escribe para cuestionar la vida, su realidad y el amor. Que, aunque no quiera, ya está tocado por la bendición (¿maldición?) de ser escritor, ese oficio hermoso y a la vez amargo de cuestionarlo todo, de preguntar más allá, de mirar al mundo con otros ojos y de ser oráculo de los sentimientos y las ideas que vendrán, como un excelente escritor. Como él mismo establece en su texto, ya está, irremediablemente, condenado a la literatura, a estar solo en la multitud, a convertir los defectos humanos en virtudes y a ofrecerse a sí mismo en ofrenda al amor: "Semiadioses es una intimidad entre una multitud. Semiadioses es mi mayor defecto convertido en virtud. Semiadioses es, en resumidas cuentas, un tributo al amor" (Colón, "Semiadioses 3").

Flor de Luz Soto Medina
"Annus horribilis" 2020
(Año terrible)

Semiadios a mí mismo

Comencé a escribir este texto persiguiendo un concepto. No quería escribir "poesía", de hecho, me negaba a ser un poeta. No es que no me guste, al contrario, disfruto la poesía al igual que muchas otras personas, me considero fanático de ella y me ha regalado la dicha de sentir muchas emociones bellas, solo que simplemente no quería trabajar en algo que ya se había hecho. Crecí rodeado de letras, o ellas llegaban a mí o yo las buscaba, pero siempre estaban. Memorizaba diálogos, canciones y páginas de libros con más facilidad que cualquier material escolar. Con el paso de los años empecé a tener mis artistas favoritos. Empecé a incorporar lo que me gustaba de cada uno, a combinar muchos estilos para formar uno. Todo esto mientras desarrollaba y descubría tendencias y particularidades propias. Me enamoré de la rima consonante, de las historias breves y concisas, de decir todo lo que se siente, del caos controlado, de la interpretación abierta y de la armonía entre el orden y el desorden. Comencé a crear un concepto (o mejor dicho, la fusión de todo esto creo el concepto) alrededor de todo aquello que consideraba importante. Adoptando el mantra de Carl Jung, empecé a armonizar los opuestos.

Admito que al principio intente trabajar todo desde la ficción. Me tomo tiempo entenderlo, pero me aterraba eso de revelar mis verdades, nunca fui persona de mostrar mis vulnerabilidades. Poco a poco me vi chocando con una gran realidad, nadie puede crear desde algo que no ha vivido. Inconscientemente comencé a derramar el alma sobre las notas de mi teléfono y los documentos de mi computadora. Estaba atravesando tantos cambios y estaba pasando por tantas situaciones que era imposible que cada idea no terminara regresando a mí mismo. La salida de mi país, el caminar por el puente que conecta distintas etapas de mi vida, mis amores, mis desamores, la vida, la muerte y aquella primera y eterna musa fueron dándole un alma al cuerpo que era el concepto que había creado. Me motivó a aceptar que lo que estaba haciendo ya no era solo rimar por rimar. Me sentía perdido, pero en lugar de buscar estaba inventando el lugar a donde quería llegar.

Semiadioses es muchas cosas a la vez. Un semiadios es esa despedida que queda apocada por la pequeña posibilidad y el eterno anhelo de un posible regreso. Aquí me despido del niño que era, de mi inocencia, de algunos deseos, de no saber unas cosas, de querer saber otras. Me despido de Puerto Rico, de ideas y de sus personas, sabiendo que por un tiempo no les voy a ver, pero trabajando con la esperanza de poder regresar convertido en un mejor ser. Semiadioses es una intimidad entre una multitud. Semiadioses es mi mayor defecto convertido en virtud. Semiadioses es, en resumidas cuentas, un tributo al amor. Crecí escuchando opiniones muy diferentes de lo que ese sentimiento era. Para unos era dolor, para algunos era sacrificio, para otros era lo más bonito, para unos cuantos no existía. Después de pensarlo tanto, vivir tan poco, pero sentirlo por montón, pienso que el amor es inspiración. La misma que a los 16 me llevó a escribir mi primer libro en una libreta a modo de confesión. La misma que todavía me hace escribir cartas, aunque sean la manera menos efectiva de comunicación. La misma que me lleva a la transición de sintonía a conexión. La misma que me lleva a cometer lo que pienso son aciertos de la boca, pero errores del corazón. La misma que me mantiene despierto en las noches pensando cómo convertir este libro en canción. La misma que me dice que, a pesar de todo, si se quiere y se intenta siempre habrá una solución.

Mi intención principal con este proyecto es ser yo, quiero volver a sentirme vulnerable, quitarme las máscaras que la sociedad y la era digital nos obliga a ponernos para lucir estables. Quiero sentir y que no se confunda con fingir. Quiero crear para inmortalizar. Quiero poder volver a jugar en lugar de trabajar. Quiero amar sin tanto pensar y tanto explicar. Quiero ser comprendido cuando digo que disfruto estando perdido. Quiero verlos leer más de lo que quiero vender. Quiero volver a sentirme genuino, quiero que este libro solo sea el principio de un largo camino.

Siempre fue mi sueño ser artista y el de mi abuela que fuera escritor. A ella le debo el valor para escribir este primer texto, y espero que les sirva de contexto y también que les sirva de conector.

Semiadios a mí mismo

Cuando era pequeño sabía quién era
Y el mundo parecía algo más que una esfera
El techo de mi boca tenía una gotera
Todo lo que sentía quería que papi lo supiera

No sabía que la niñez es una espera
Y que dura hasta que la inocencia muera
Tengo el futuro esperándome allá afuera
Y no sé si quiero subir o bajar esta escalera

Ahora siento que me despido de mí mismo
Que necesito otro bautismo
Que me quedé en ese abismo
Que quiero ir a un sitio que ya no es el mismo

Los comienzos de mi memoria
Los encuentro en unas fotos que cuentan una parte de mi historia
Las partes más antiguas de mi trayectoria
Me conectan con personas que hoy se encuentran en la gloria
Nunca me faltaron mis siete primos
Doña Annie y Doña Ana trazaron mis caminos
Juntos nos reímos y juntos crecimos
Aunque a veces pienso que a Juan Pablo nos perdimos

Ahora siento que me despido de mí mismo
Que necesito otro bautismo
Que me quedé en ese abismo
Que quiero ir a un sitio que ya no es el mismo

De niño siempre fui tranquilo
Con mi cabeza enredada nunca perdí el hilo
Todavía no tenía mi propio estilo
Pero con la fuerza de mami saque mi propio filo
Crecí y me convertí en un hombre
Inconforme hasta con mi segundo nombre
Jugué baloncesto, aunque no supiera
Y mis panas me apoyaban, aunque nunca la metiera

Entre muchos cualquiera, cree un corillo
Que me enciende el bombillo como el fuego al cigarrillo
Y aunque este mundo no es sencillo y mis sentimientos maquillo
Gracias a ellos nunca pienso en el gatillo

Explorando, descubrí mi pasión
Llegó todo esto en modo de improvisación
Me enseñó que el mundo no es justo, de hecho, está cabrón
Pero la realidad es que lo que disfruto un montón

Me mudé buscando un escape breve
Una experiencia que el alma me renueve
Ahora migro siempre en dirección a la nieve
Y aunque estudio negocios de nueve a nueve
Sé que el arte es lo único que me mueve

Conocí al amor de mi vida y siento que le mentí
To' lo que sentí en un desastre convertí
Te amo y reconozco, mucho lo escribí pa' ti
Todavía me duele, pero gracias a ti crecí

Escribo y creo a modo de conversación
Tengo miedo a llenar el bolsillo y dejar vacío el corazón
Vivo sin saber, espero tener razón
Pienso más que mucho pero no es una obsesión
Con la gente me frustro, no entiendo que no entiendan
No me explico, pero quiero que comprendan
Lo más probable mi vida sea un cable
Por fuera estable y por dentro vulnerable
Podría hacer tantas cosas, pero esta es la más viable

Admitir que quiero saber quién soy
Lo que me están quitando, también es lo que doy
El mañana, a veces me jode el hoy
Controlo lo que puedo, sé a dónde no voy
Si este libro no es lo que soy, quizás sea donde estoy

Ahora siento que me despido de mí mismo
Que necesito otro bautismo
Que me quedé en ese abismo
Que quiero volver a un sitio que ya no es el mismo

Semiadios(es)- el acto de despedirse del evento, situación, epoca, tiempo, relacion, persona o circunstancia, pero no sin antes abrazar y aceptar su perpetua relevancia.

A su manera este libro puede leerse de múltiples maneras, siendo muchos libros a la vez, pero sobre todo es tres libros. El lector esta en toda la libertad de escoger cual quiere leer:

El primer libro se lee cronológica y tradicionalmente, leyendo todas las paginas en el orden aquí provisto.

El segundo leyendo única y exclusivamente todos los Semiadioses en orden cronológico del uno al veintidós.

Y el tercero leyendo los mismos o solo algunos Semiadioses en el orden que usted desee y cree, llenando los blancos de una gran historia abierta.

29-08-2018

Entonces, ¿la vida se trata de perseguir otros “sueños” sin importar que dejes algunos incompletos?

Besos de papel/Intro

Existe algo más difícil que irse? Quedarse.
Partir hacia lo lejos, hacia la distancia, hacia el fin de la coexistencia y el inicio de la independencia supone crecer, romper con la consistencia y retar la consciencia, y comienza precisamente con eso, con partir. Con partir para intentar compartir la distancia. Partir todo lazo existente sin ninguna opción decente de como volver a amarrarte con lo que dejas atrás, tu gente y un pasado cada vez más disidente. Consiste entonces el reto en quedarse, o en encontrar la manera de quedarte, en emplear la mente para buscar como permanecer presente, en trascender sin volver (todavía). La vida es vía y en este caso mientras la vía sea mía la iré marcando con caligrafía. Permanezco inmortal mientras te escribo. Trasciendo la distancia y el miedo tejiendo utopías con el lápiz y los dedos. Ahora converso contigo con versos. Estoy aquí, retornando sin volver, matando lo que existía para que cambiando vuelva a nacer. Aspirando a llenar el vacío de la intimidad sexual con la intimidad textual. Te prometo que cada letra será una caricia, cada rima un abrazo y cada una de estas historias convertirá la ausencia de un amor en una presencia a pedazos. Paso a paso todo será menos cruel. Los besos que no pueda impregnarte en la piel te los enviare por ahora en papel.

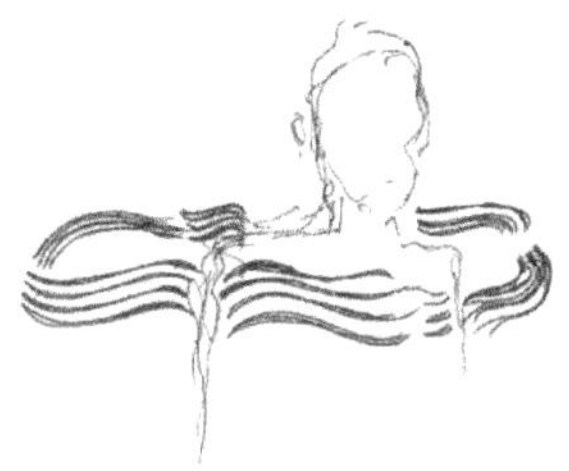

Semiadioses/1

Se encontraron por casualidad en uno de esos muchos callejones de aquella gran ciudad. Quizás fue por educación, obligación o hasta intuición, pero el saludo fue una invitación a la conversación. Naturalmente, como habría sido en otra vida o antes, allí en un restaurante. Hacía algún tiempo ya que no se hablaban, pues no había necesidad. Tampoco era necesaria la botella de vino, ni la conversación con la que vino y su intensidad, pero si no se vino a la vida a jugar y arriesgar, entonces, ¿a qué se vino en realidad? El duelo verbal emprendió vuelo sobre mares de recuerdos y tierras de memorias aterrizando en la verdad y en el fin de su historia. Con las bocas se contaron unas cosas mientras que con los ojos se confesaron otras. La sonrisa tan carente de pasado en la cara de ella era la lágrima tan llena de presente que bajaba por la de él. Se habían encontrado para volver a perderse, para desencontrarse. Las vías de sus vidas ya estaban decididas. Terminado el rato, correspondía lo usual: pagar, caminar y seguir como si todo permaneciera igual. Por odio a la indiferencia y por querer hacer la diferencia, él cometió un acto de locura que es la más cuerda y quizás la más pura de todas las ciencias. Al despedirse al oído le tuvo que susurrar: "O yo te enseño a recordar o tú me enseñas a olvidar".

Su mundo era (L)a (-) mar/1

Él tenía los ojos vendados, aunque no del todo. Podía mirar, pero para ver requería otro modo. Ese día tomó una de esas salidas sin rumbo, terminando en la mar para encontrar el mundo. Estuvo mirando el horizonte, buscando una respuesta ausente. Solo fue por accidente que encontró el presente euforizante, viendo lo que tenía enfrente. Habría jurado, con verdad de inocente, que estaba demente, porque miraba sus ojos que tenían un calor más puro que el del sol que quemaba y no quería ver nada más

Veía su pelo bailar con el viento y no quería ver nada más

Veía el trasunto verde en sus labios rosados que emitían el humo y no quería ver nada más

Miraba la envidia alborotada, del agua y la arena, cuando veían la armonía del azul de su ropa con su piel morena y no quería ver nada más

La veía a ella verle y juró que no quería ver nada más

Pues solo poderle ver convertía sus miradas en el lugar al cual el corazón iba a querer volver

No era algo difícil de entender

La mar era su mundo, pero ahora su mundo se encontraba frente a la mar

Así soy/1

Reconozco que a veces abandono el mundo real para vivir en el que apenas es más que una mera idea, o un ideal. Reconozco la existencia de personas y situaciones que me elevan a otras zonas e ilusiones. Reconozco que confundo adrede lo tangible con lo intangible. Reconozco que suelo jugar a existir en otros planos y aun sabiendo que me podría estrellar, emprendo vuelo, porque es mejor morir por el aire que pegado al suelo. Reconozco que habito dos mundos, el real y el imaginado. También reconozco que ya no sé en cuál de los dos estoy mejor. Así soy, soñador.

Arte en potencia

Jamás vas a entender la importancia de tu presencia, que cada vivencia contigo es arte en potencia. No es coincidencia que con solo sonreír enciendas mi subconsciencia, ni que la envuelvas en limerencia. Cada palabra que sale de tu boca provoca que quieran salir de mi mis ideas más grandes y más extensas. Tu mirada cocina una inspiración divina, que conspira para sacar de las palabras de tu vida alguna versión que del arte sea vecina, como una mina que de producir oro no termina. Eres verbo, provocas acción. Un pedazo de inspiración para el corazón. Donde ves tus triunfos y decesos, yo veo nacer los versos y deseos más hermosos. El detalle es pequeño pero el efecto es grandioso. Transformas las cosas más simples en posibilidades. Desapareces adversidades e inviertes campos y ciudades. Jamás vas a entender que con que existas es más que suficiente. Lo que mi boca no te diga que el lápiz te lo cuente, que el mundo siempre te haga reverencia. Yo soy artista a consecuencia de que tú eres arte en potencia.

Confesiones inéditas/1

"Mis letras y tú pecan de complicidad, pues todas mis metáforas parten de tu realidad"

Retrospección

Que lindo es que te recuerde que te recuerda, que no olvide que de ti se acuerda, que aunque los años corren con ruedas de vez en cuando, cuando quiera, y cuando pueda, su vida frena para rememorar que con la tuya fue buena. Que lindo cuando reconoce que aún te conoce, que viviendo con las ansias de saber que no saben a dónde va ni que será lo que el futuro provoque, roce o destroce, cree que aún eres parte de su enfoque. Que lindo que te recuerde que no te quedaste atrás, que lindo que te recuerde que todavía estás.

Semiadioses/2

No me importa cuanto lo haya dudado, estoy seguro de que eres tú porque nunca me ha faltado la felicidad a tu lado.

Constelaciones/1

"Me encantan esas constelaciones que forman las estrellas que tienes en la cara y en el pecho. Las mismas que me causan desvelo, las que robaste al cielo sin que nadie supiera lo que habías hecho. Las mismas para las que he tenido que romper mi techo y mirarlas a través del lente estrecho de este telescopio llamado despecho, mientras acecho un lecho donde descanse el trecho entre las ilusiones que son nuestros derechos y quedar satisfechos".

¿Qué?

Mientras más se aprende, más se aprende a cuestionar
Del conocimiento nace la duda, y de la duda nace preguntar
¿Qué te parece si nos apreciamos?
¿Qué tal si después de tanto correr por fin volamos?
¿Todo lo que no es real es mentira, o no?
¿Por qué será que nunca te puedo decir que no?
¿Es el olvido voluntario?
¿Le faltan letras a nuestro abecedario?
¿Es cierto que sentir es sinónimo de escribir?
¿Confundo volver a comenzar con repetir?
¿Nos tienen que entender?
¿Ver para creer o creer para ver?
¿El corazón lo entregué por accidente o lo perdí por decisión?
¿Dejará de ser la frustración mi eterna primera reacción?
¿Quiero rimar por rimar o quiero rimar para llegar a algún lugar?
¿De lo nuestro ser real, estamos dónde tenemos que estar?
¿Quién es la pintura y quién es el pincel?
¿Será que estos besos solo se quedarán en el papel?
¿Existe un solo Dios o existen muchos dioses?
¿Es esto un adiós o el primero de muchos semiadioses?

Semiadioses/3

Me siento tan vivo junto a ti que me atrevo a decir que sé exactamente cuan imprescindible es sentir para no morir.

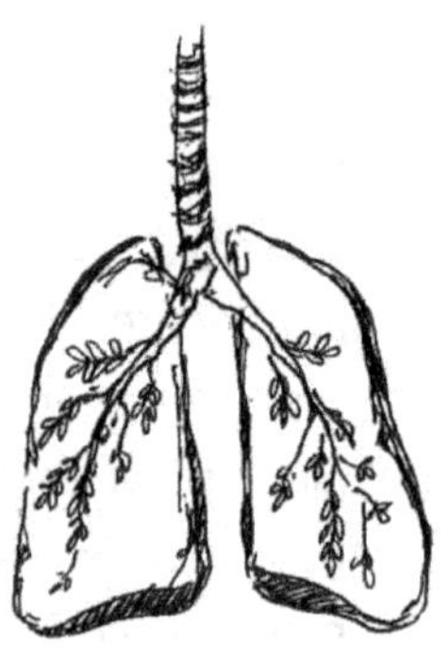

La matemática del arte/1

Contaba las pecas en tu cara, las mismas que parecen las estrellas que Van Gogh dejó plasmadas en la noche estrellada y mientras te tenía tan cerca que juraba que se multiplicaban. Las numeraba y calculaba en qué cuadrante de tu cara plantar el beso que darte planificaba, entonces me preguntaba, ¿quién dijo que la matemática y el arte no se combinaban?

El traductor de miradas/1

¿Qué mira el artista para crear?
El artista mira miradas
En el repertorio y glosario del canon imaginario, que supone el diccionario, no figuran palabras que verbalicen en un enunciado descriptorio lo que nos dicen los ojos en su viaje transitorio. La razón para esto es que sería un acto de violencia el delegar a la boca con exigencia la labor de expresar lo que las pupilas gritan con o sin prudencia. Una violación vía acción a sus existencias por separadas. Por eso existen los artistas, para explicar con obras donde no alcanzan las letras juntas y combinadas. Para recrear el efecto que tienen las miradas. Ya sea al bailar variaciones de ideas desveladas. Al cantar canciones que desatan emociones encajadas. Al pintar cuadros que ilustren sentimientos en retratos. Al contar cuentos sin seguir ningún mandato. Al escribir textos repletos de los pensamientos más honestos y menos sensatos. Al lograr actuaciones que emulen la verdad de a ratos. El arte no necesita interpretaciones rebuscadas.
El artista es lo más cercano a un traductor de miradas

Semiadioses/4

-¿Cuánto nos costaría la vida juntos compartir?
-La libertad de ir y venir.

Semiadioses/5

El acto más grande de valentía es saber abandonar el bote, no cuando se hunde, sino cuando aún está a flote.

10038

Me dijo mi abuelo que en Nueva York intercambiaron las estrellas del cielo por las falsas estrellas del suelo. Cuando tuve edad para verlo con mis propios ojos desarrollé este insomnio con corriente de riachuelo, un desvelo diario en forma de duelo. Un duelo en honor a mi abuelo, al antiguo cielo y, sobre todo, en honor a las víctimas de este nuevo camelo de la sociedad “modelo”, que arropa a algunos de sus hijos con vanidades como consuelo de haberles quitado a otros su única manta de terciopelo.

Sobre quién sabe qué

La felicidad es euforia, un caos controlado. Una memoria de fuego con un cubo de agua al lado. Un riesgo que parece juego, un dios romano llamado por su nombre griego.

La paz mental es estar y saberse estando, sin preocupaciones, en ese efímero espacio entre caminar y estar llegando. Sin bajas, pero sin altas, una jugada planificada sin haber antes mirado las cartas.

La inmortalidad es una ilusión tan poderosa como hermosa. Mariposas aterrizando en espinas de rosas. Una idea fantasiosa con esquinas aun misteriosas. Esas maravillas poco novedosas que todavía siguen siendo grandiosas. Tu sonrisa, entre otras cosas.

La búsqueda es un encuentro, aunque no lo parece. Las ideas buscan personas, las canciones buscan oídos y los corazones buscan almas en calma. Los pájaros buscan suelo y las personas cielo. El deseo busca la satisfacción y la satisfacción busca más deseo. Mis manos buscan tus dedos, tus dedos mis labios, mis labios tu lengua y tu lengua todo lo que venga luego.

La eternidad es una mentira real. Un horizonte vertical ilustrado en un vitral de alcance mundial. La sangre aposada de un mortal, como agua estancada dentro de un manantial.

Decir adiós también puede ser saludar
A otra vida, otra salida, a un nuevo lugar
Despedirse es bailar
Desamar también es amar

Semiadioses/6

Aunque quisiera que esta no fuese la respuesta que te diera
Quisiera que oyeras mi respuesta más sincera
La que cambiar pudiera solo si otra oportunidad tuviera
Me hubiera quedado, solo si la vida se repitiera

Monologo sin sentido

No paro de crear para no parar de vivir, no pienso en parar cuando se trata de escribir.
Al ritmo que respiro con las letras conspiro. Como el planeta giro y aunque no tenga sentido lo que digo lo reitero y no lo retiro. Mientras más musa adquiero más necesito papiro. Mientras menos palabras transpiro más versos suspiro. Pienso, vuelvo, viro, miro y compongo y donde ponga una frase de la verdad dispongo. Nombran verbos a lo lejos mientras solo con verbos nombro. Por si les asombro les respondo, lo que allá ven llano acá arriba luce hondo. El que quiera respuestas palabras tenga, la velocidad de la luz solo la supera la velocidad de mi lengua.

Semiadioses/7

Somos presos del comportamiento impropio de mirar todo por el macroscopio o el microscopio, pero nunca por el lente del criterio propio.

Pre-stitución

-Habla
+Existen muchas otras maneras de prostituirse, maneras que no involucran tener sexo ni desvestirse. Se prostituye la palabra cuando se decide mentir, mentirse o repetirse a sí mismo las mentiras para ver si así se convierten en verdades y autoconfundirse.
Se prostituye el pensamiento cuando se mezcla con el sentimiento. Se prostituye la mirada cuando no es correspondida o va desviada.

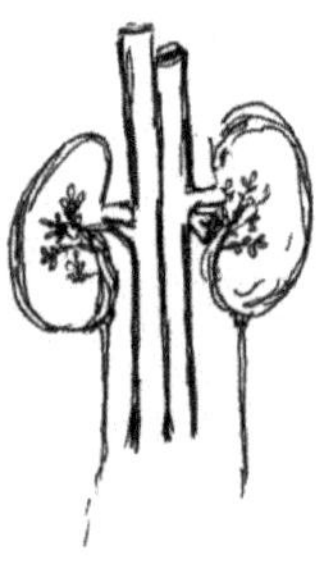

Se prostituye el corazón cuando se le condena a seguir la razón. Se prostituyen los ideales para perseguir intereses individuales. Se prostituye la vida cuando se persiguen recuerdos y no posibilidades Y así mismo se va la transparencia y le sigue la lealtad, y cuando te das cuenta estoy hablando de nuestra realidad actual. Y ya nada es igual
-Calla

Lecciones/1

A mí me enseñaron a dejar de encerrar la verdad
Porque eso no lo hacen los sabios
Pues le pertenece al mundo en realidad
Y no mis labios

Cosas que no se comparten

Se encontraron de nuevo como por arte de magia, como por magnetismo. Se encontraron de nuevo buscando lo mismo. Se encontraron en el lugar perfecto. Solo allí, en la casa de los encuentros el romanticismo no es anacronismo en efecto. Solo allí, en la casa de los encuentros los rostros del pasado son los espectros del futuro deseado. Solo allí prometen respuestas a todas las preguntas, a todas las dudas, a lo que está en lo oscuro. Dicen que solo de allí saldrás seguro.

Ahora, si bien es un acto de cortesía saludar el pasado cuando te lo encuentras de frente, es un acto de poesía que ese recuerdo sea trascendente. En fin, uno venía de salida, el otro aún no entraba, pero quizás lo que buscaba lo encontraba con una pregunta contestada.

-¿Cómo te fue?
-Fue tal como me lo esperaba. La solución que quería estaba, pero era igual a la que negaba mientras la imaginaba. Allá adentro escuché lo que me temía: "A ti te falta lo que está afuera"
-¿Y eso cómo se arreglaría? ¿Qué procedería?
-En sí solo bastaría revivir el recuerdo imborrable de nuestra fase más pura sin que nada ni nadie lo obstruya ni lo destruya, porque no encuentro la felicidad desde que la mía dejó de ser la tuya.
-...

Semiadioses/8

Es tan fuerte el amor que, mientras estuviste aquí, estuve enamorado de lo que me hacías sentir y ahora que te fuiste estoy más enamorado de lo que me haces escribir.
Y mientras sigo inventando y creando
inevitablemente me termino preguntando:
sé que todo comenzó cuando me dijiste adiós, pero, ¿cómo ser artista y no sentirse dios?

El contexto del pretexto

- ¿Qué te dijo?
- "Debiste haber llegado antes"
-¿Y qué le respondiste?
-La verdad, que el momento de mi llegada aparte de ser el correcto es indiferente porque no existe momento perfecto. Uno no le pone fecha a las cosas o a las personas. La vida está hecha para agarrar todo lo que ha traído en cuanto llegue, o se está prevenido o se está distraído. Si realmente me quieres no le pondrás fecha ni a mi llegada ni a mi partida. Si realmente me quieres no serías la causa de mi despedida.
-¿Y qué pasó?
-Se fue sin contexto alguno. De seguro todo era un pretexto. De seguro la uso para mi futuro texto.

Confesiones inéditas/2

Cuando ayudo soy de todo menos actor
Prefiero cometer un "error" antes que perder el valor
Si darle la mano al más necesitado
significa darle la espalda al que más tiene
por favor,
considérame traidor.

La matemática del arte

Siendo joven descubrí que el mundo ya era lo suficientemente viejo como para entender que la matemática del arte puede ser coeficiente y el arte a la matemática le puede ser condescendiente. De tener esto presente, una ecuación matemática podría ser una artística por consiguiente. Yo aún no se los he contado, pero los números, que de infinitas maneras he contado, los he usado tanto en mis escritos más simples como en los más complicados. Aún no he cuantificado todos los sentimientos que creando me he encontrado, ni la cantidad de besos que he dado, ni los textos que en este país he escrito y borrado, frustrado porque mi resultado fue raíz y yo lo quería al cuadrado, pero sí sé que, a pesar de todo, los números me han ayudado. Para escribirle al amor siempre he necesitado dos personas, que le sumen y resten versos a momentos no calculados, que combinen palabras, medidas, formulas y estrofas para escribir algo elevado, de valor negativo o positivo asignado, que me permitan despejar a un lado la variable de la vida para lograr sentirme libre o, por lo menos, un poco menos ahogado. El joven yo entendió la necesidad de ser igual, de ser número par al igual que impar, de lograr inspirar para los problemas solucionar y que no existe un postulado que te pueda obligar a ser normal. El joven yo encontró la formula y remedio para dejar de ser promedio, encontró entre la matemática y el arte el punto medio.

Semiadioses/9

Lo literal de la literatura es que no existe forma más pura de tergiversar las realidades más puras para mostrar, sin explicar, lo que es la luz cuando se vive a oscuras.

Semiadioses/10

Y ahora si nos vemos o nos hablamos es de vez en cuando y de cuando en vez. Quisiera pensar que es porque nos falta tiempo y no porque nos falta interés.

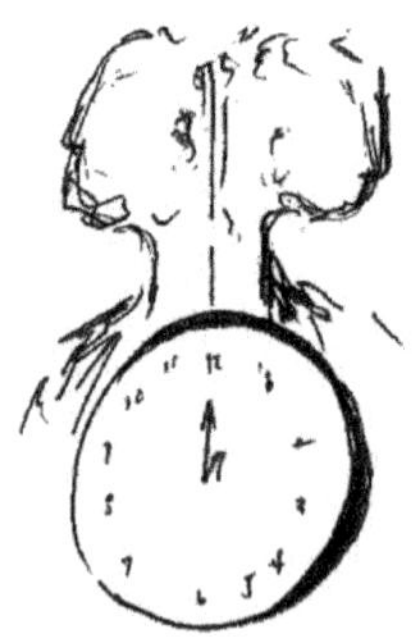

Confesiones inéditas/3

Mi principio es un constructo que contigo invertí
Es cierto que no recuerdo el momento en el que nací
Pero gracias a ti sí recuerdo cuando mi primer poema escribí

Cartas a quién

Quisiera tenerte aquí, pero de otra manera
Quisiera que estés, pero de otra forma
Porque de la manera en que estás no funciona
y la manera en la que te vas no impresiona

Te pienso cada vez menos
Pero te pienso más cada vez
Se resta frecuencia mientras se suma intensidad
Porque menos es más

Me siento frío entre la gente sin ti como abrigo
Pero sin ti solo entre gente dejo de estar solo
Hace tiempo me sentía solo cuando estaba contigo
Ahora me siento contigo solo cuando estoy solo

Ese es el problema con tu semi omnipresencia
La indecencia de estar siempre en todos mis lados
Sin nunca estar a mi lado
Tus ganas de querer, ser presente siendo pasado

Yo tan seguro estoy de que estás
Que te busco
Y tú tan segura estás de que no voy a encontrarte
Que te pierdes para verme buscarte

Cultura/1

Cada vez se necesitan más senticulturistas en un mundo al cual le sobran los fisiculturistas

La fiesta de los recuerdos/1

Se reunieron un día del fin, o de antes del principio, los recuerdos para hacer una fiesta y cerrar un ciclo. Hacían ruido los recuerdos, para ser recordados, pero a la fiesta solo entraban aquellos que eran deseados. Una vez adentro solo los mejores llegaban al centro. Los lindos recuerdos de placer, alegría, saber y poesía gozaban su reencuentro. Aun así, era en vano el filtro. Sí, había canciones que allí no se podían tocar, palabras que no se podían articular, libros que no se podían leer. Había perfumes que no se podían oler, personas que allí no se mencionaban. Todo eso no estaba presente, pero allí estaba. Por esa razón pasarla bien no se pudo. El pasado no deja de existir solo porque este censurado o porque lo hayan negado. Realmente no era la fiesta del recuerdo, si no la celebración del falso olvido.

La política/1

Estaba acostado y desvelado una noche de sábado con un radio a mi lado, pensando en lo que hace unos minutos había escuchado e imaginando cual sería la respuesta del grupo atacado

"Cuando ellos comiencen a hacer para ser y paren de decir para fingir, nosotros podremos distinguir quiénes vienen a cumplir y cuáles vienen a destruir."

A la siguiente semana el programa estaba censurado
Era de esperarse
El agresor siempre busca victimizarse

La costumbre

Había un hombre en la capital de aquel país sin nombre que se sentaba cada día, sin ausencia alguna ni llegadas, tardías para observar lo que su gente hacía. Por muchos años pasó desapercibido, como el corazón cuando no acelera sus latidos. Había presenciado bastante, no obstante, admitiría que sería más que desafiante (por no decir imposible) recordar al menos un instante en el que alguno de sus conciudadanos no repitiera algo que había visto antes. Un día, no como cualquier otro, un individuo decidió romper el precedente visible y preguntarle lo que quería decirle.

-¿Piensa usted que el cambio es posible?

-Hacemos lo posible por hacerlo imposible.

Reps

Abrimos ventanas con las puertas cerradas
Formulamos preguntas nuevas con las respuestas recién dadas
Jugamos el juvenil y poco sutil juego inútil de mantener el perfil
Le exigimos saltos de caballo a quien nos demostró siempre ser alfil
Recordamos sonrisas viejas para colocarlas sobre las nuevas
Imaginamos tanto que nos decepciona cualquier cosa que se prueba
Giramos, saltamos y regresamos a los mismos ciclos lineales
Vivimos vidas verticales, siendo seres horizontales
Y sobre la lógica de esta existencia producto de motel, definimos la felicidad con pedazos de papel
Y todo pasa lento y en un abrir y cerrar de ojos a la vez
aunque eso ni tenga motivo ni sentido, ni en tres, ni en cuatro o cinco *sets*
La vida tiene que ser un entrenamiento para algo más grande en conclusión. Entonces, ¿de qué otra manera me explicas tanta mala repetición?

Ironías

Segundo a segundo pienso que mientras menos me confundo
más me hundo, porque dentro de lo absurdo de este mundo
moribundo aún confunden lo irreal con lo profundo.

Escribir

Escribir es partir de lo simple y saltar lo llano, mezclar la belleza de la primavera con el calor del verano. Desnivelar lo plano. Levantarse tarde para terminar temprano. Rejuvenecer de la mano de tu mano a un idioma anciano. Reconstruir el imperio romano componiendo en castellano. Inyectarle fe a un pueblo "cristiano". Poner grave a un soprano. Sentir libertad sin ser norteamericano. Sacarle palabras a las teclas del piano. Escribir es todo menos en vano, si con mis familias de palabras puedo hacerlos hermanos.

Mi defecto perfecto

Se preguntaba a diario todo lo que me atormentaba. Se preguntaba desde lo que no sabía hasta lo que sabía, pero dudaba. Le preguntaba a quien le ignoraba e ignoraba a quien le contestaba.

Me pregunta a qué le tengo miedo, sin saber que responderle no puedo, que siempre me enredo y retrocedo pues recuerdo que esa información ya no concedo. Cuestiona cuáles son mis temores sin sospechar que quiero mentirle como los actores, que ya he descubierto horrores donde creí solo ver flores. Yo que he visto dolores cambiar colores y he visto errores transformar relaciones. Insiste en saber que me causa terror, imaginándose ya lo peor, a mí que me persigue el rencor y me huye el calor, a mí que me ha resultado tan defraudador el concepto del amor. Ya sé que sabe a qué le tengo miedo. Se enteró de lo que me quita el sueño. Conoce lo que me asusta y no le gusta. Entra en efecto mi defecto perfecto.
"¿A qué le tienes miedo?"
"Es que cuando amo siempre me sobreexcedo"

Se preguntaba a diario todo lo que me atormentaba. Se preguntaba desde lo que no sabía hasta lo que sabía, pero dudaba. Le preguntaba a quien le ignoraba e ignoraba a quien le contestaba.

Eclipsar

Cuan paradójico es mirar dos esferas encontrarse, estar encontrándole la belleza a las esperas. La luna, que conquistar a quien quiera pudiera, espera por el sol que no es cualquiera. Juntos hacen ver que el tiempo nunca es la barrera más fiera. Es como si supieran que más allá de esta noche otro día si existiera, pero lo que no existe es un lugar en el cual estar prefieran. Es como si lo hicieran para que quien les viera ya no sufriera, si no que superar cualquier obstáculo quisiera. Allá arriba en el cielo, donde van a morir tantos anhelos, estoy viendo mis más profundos deseos mutar en revuelo y abrazar la realidad
Soñando con el día en que seamos nosotros dos los que podamos eclipsar.

Semiadioses/11

Probablemente mañana ya no sepas quién soy, pero me gustaría que recuerdes quién era.
Que cuando veas flores pienses en las veces que nos sentábamos bajo ellas a hacer que el otro se riera.
Que cuando te arrepientas de llorar sin parar encuentres consuelo en que siempre le hacen falta más gotas de agua al mar
Que cuando tengas pesadillas pienses en las cosquillas que venían siempre que uno estaba de rodillas, tocando melodías poco sencillas, pecando en posiciones que también se ven en capillas
Que cuando quieras esconder los bustos, con los que no te sientes a gusto, recuerdes todas las veces en las que encontré justo escalar ambas montañas sin temor a que faltara el oxígeno, demostrándote que degusto el susto
Que cuando tu cuerpo sea custodio de odio, porque nadie te hace sentir como yo en aquel episodio, y solo pienses en culpar al adiós o a dios
Que cuando te toques recuerdes que tu cuerpo es como cualquier vicio de esos, sabiendo ya que yo soy un usuario que consume en excesos
Probablemente mañana ya no sepas quién soy, pero me gustaría que recuerdes quién era, y que el recuerdo te haga volar, desear, gemir, pedir, sufrir, reír y gritar donde sea, mientras dure la espera
Que cuando quieras tenerme de nuevo y darnos otra oportunidad
Sepas partir de la imaginación para alcanzar otra realidad

Semiadioses/12

Lo sigo haciendo
Una de las mil cosas que aun no entiendo
Para soñarte no necesito estar durmiendo
Para escucharte me basta con cancelar todo lo que estoy oyendo
Para tocarte me basta con cerrar las manos y para saborearte me basta con la botella de perfume que me lleva al lugar lejano que tenía a mi lado
Pero para entenderte necesito saber por qué de nuestras ausencias andamos presumiendo,
cuáles son las razones por las cuales sigo insistiendo,
la inmensa diferencia entre estar sintiendo y estar existiendo,
el motivo incierto por el cual lamo las heridas mientras te estoy defendiendo
la respuesta a si me estoy descomponiendo mientras voy componiendo
qué es lo que no estamos viendo, y qué nos tiene resistiendo
por qué la felicidad vamos posponiendo
como si tuviéramos garantía de que por siempre estaremos viviendo
pero eres tú
y contigo no me basta con que se lleve el viento todo lo que siempre te estoy diciendo
tú probablemente ya no lees, pero yo sigo escribiendo.

Antipoema

Si dudo de la existencia de un Dios creador es porque considero
que crear no es un ejercicio individual. El origen de todo es
resultado de algún enlace interpersonal, la conexión parental
para el producto final; porque el mundo sería extremadamente
plano si no quisiéramos darle profundidad; porque buscamos
algo que no existe; porque el universo no alberga todo lo
necesario para satisfacer otra cosa que no sea el cuerpo en su
inminente inmortalidad; porque, aunque en el fondo sabemos
que nada es eterno, deseamos que algo en esta vida lo sea en su
totalidad; porque en nuestro pequeño mundo alterno lo que no se
encuentra se crea. Lo que se ve en blanco y negro se colorea y,
en instancias, lo que encierra a unos, rodea a otros; porque
mientras los dos bailamos en la azotea invento una realidad en la
cual mi mente se pierde y curiosea, y mientras en Venezuela una
pareja se besuquea y en el Vaticano otra se pelea, mi cuerpo solo
desea encontrarse contigo en la escena que mi corazón procrea;
porque mientras el ojo parpadea y el tiempo se para sobre un
reloj que la vida nos saquea, el sentimiento busca a la idea como
Calisto busca a Melibea. Por eso tengo fe de que solo no se crea,
porque para quien aún no lo vea, haber escrito esto sin pensar en
quien sea, habría dejado a mi lápiz en una posición fea, en una
condición de eterna apnea. Escribiendo una poesía llamada
antipoema

Semiadioses/13

No hace falta, tampoco es necesario, pasar días y noches mirando el calendario. Hacer de este calvario parte de mi itinerario, teniendo el mismo pensamiento a diario, el causante primario y complementario de este estado estacionario, la flecha con destino contrario en el arco del sagitario. Te extraño, y el sentimiento ya es parasitario.

Estoy buscando melodías
Para tener como llamarte

-Silvio Rodríguez

Musical disfuncional

Estoy creando -o quizás buscando recrear- una melodía que no conozco, aunque sé cómo se ha de escuchar. Cabe recalcar que, si algo nunca aprecie de la felicidad, fue su musicalidad, no es casualidad que hoy, en esta ciudad, sienta la necesidad de crear ruidos que me devuelvan a mi otra realidad. Desde que te escucharon hablar, mis instrumentos-de manera crónica e inusual- comenzaron a olvidar al unísono cómo era que habían de sonar. Sintiendo una inseguridad que con ritmos no puedo explicar, dándoles paso para ejecutar un musical disfuncional. Mis guitarras, que no saben si de ellas te acuerdas, pelean con sus cuerdas. Mi triángulo se ha vuelto un cuadrado, aun sin tener un cuarto lado. Mis tambores dudan con precisión y repetición de la repercusión de su percusión, y por más golpes que les dé, falta inspiración para hacerlos canción. Acción me pide la viola, y el violín me pide reacción. La irónica armonía de la harmónica anda en desarmonía con el resto de mi sinfónica, así como sabe la ginebra cuando se bebe sin la tónica. La trompeta rechaza el aire con tal de sentirse vacía e incompleta, como si tuviera el deseo de romperse para que todo se perdiera por el escape de una grieta. Las teclas del piano suenan a invierno y ya parece en vano que el pentagrama les suplique que canten verano. Estoy creando -o quizás buscando recrear- una melodía que mis instrumentos conocen, e igual reconocen ser incapaces de llegar a hacer sonar. Por más que intenten su esfuerzo jamás alcanzara su fin, pues poeta al fin: a mí solo me gustan las canciones cuando suenan a ti.

Semiadioses/14

No hay medicamento más adictivo que amar y ser amado (y tristemente, sus genéricos)

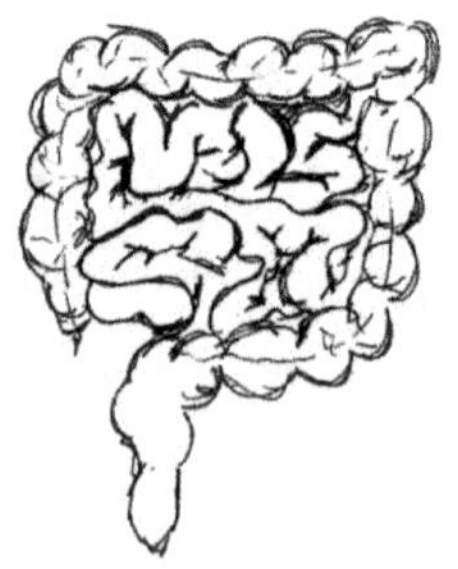

Tú no eres ella

Te lo he dicho
Muchas veces, de muchas maneras
Sin bromas y de veras
Queriendo que no sufrieras
Que partieras y no te detuvieras
Cuando darte cuenta quisieras
Quería que lo vieras
Que lo supieras
Que por más bella que seas
Hay algo que el corazón me atropella y sobre todo destella
Yo puedo quererte, pero tú no eres ella

Desde las mañanas
Las mismas que comienzan y se quedan oscuras
Cuando se pone la luna
Y le canto una canción de cuna a mi poco deseo
Y tu poca fortuna
Ya salgo con la costumbre de que nadie desayuna
Cuando parto
A estudiar y trabajar
Buscando no pensar y tener excusas para no llamar
A vivir los instantes de poder olvidar que hoy vuelvo a regresar
A aquella opción de segundo lugar
Pesadilla dentro de la cual no paro de soñar
Ilusión que rompe cuando llega la hora de almorzar

Nos sentamos
Nos miramos de frente
Comenzamos las conversaciones cortantes
Decimos las mismas opiniones poco interesantes
Soltamos bostezos constantes
Y acabamos en uno de esos silencios frustrantes
Miro hacia un lado, miro otra gente
Es la misma rutina, pero con ella era diferente

¿Y si se repite en la cena que tiene?
Si el pensamiento siempre viene
Y por siempre se sostiene
Pues de algún sitio proviene
Si las falsas risas se ahogan en agua estancada y se guardan en almacenes donde no cabe más Nada
Si entre planes pospuestos, besos con ojos abiertos, mi reloj siempre puesto
El teléfono siempre abierto, la nada resuelta, y mi mínimo intento, descubrí algo que no protesto
Que acerco mi nariz a tu cuello buscando el olor de un perfume

que no es el tuyo
Que el brillo de mi sol imita el color de unos ojos que no son tuyos y
que el viento no pronuncia Un nombre que no sea el suyo
Entonces ya no hay que dejarle la verdad al murmullo

Hay algo que el corazón me atropella y sobre todo destella
Yo puedo quererte, pero tú no eres ella

Confesiones inéditas/4

Pienso que lo más extraño es saber qué es lo que te hace daño y,
sin embargo, cuidarlo como si fuese parte del rebaño

Monologo sin toda la importancia del mundo

Te he venido pensando todos los días, desde que comencé a alimentar el vicio de inventarte desde una jaula vacía, desde que comencé a vivir del delirio encerrado en esta aula, logrando satisfacer el hambre que enciende mi cirio y mi incapacidad de llevar tu recuerdo al martirio. Por tanto quererte, te he dejado ir lejos, más allá de donde puedo acompañarte. Allá, donde el no poderte tocar, me obliga a tenerte que soñar; donde el no tenerte cerca me obliga a tenerte que crear. Tan lejos que aun sabiendo nadar, no encuentro razón para no dejarme ahogar. Yo sé que nos rodean distintos entornos y que el mío sin ti carece de adornos, también sé que deseo volver a respirar libertad hasta por los poros, pero, ¿de qué me sirve buscar la libertad si no sería libre para poderte amar y que me ames en retorno? Cuéntame, ¿alguna vez has dejado de mirar la puerta porque te aterra aceptar que quien esperas jamás va a entrar? ¿Te has cuestionado la diferencia entre lo eterno y lo inmortal? ¿Acaso no sabes que el arte no está casado con la moral? Espero que sea impuntual este dilema atemporal, pero si mi cabeza no se convierte en mi aliada, el corazón dejara de ser mi rival.

Mi problema

Ese niño del que hablo siempre es una persona que desapareció
para siempre
Por eso cuando hablo de mí en tercera persona, reconozco que
cada día muero
Mientras poco a poco esa vieja muerte a una nueva vida adhiero
Repito, es mi problema el más severo, no persigo lo que necesito,
solo persigo lo que quiero.

Semiadioses/15

Si uno de mis defectos debo confesarte, admito que fui tan arrogante como para pensar que yo era suficiente para lograr cambiarte. Un pedante brillante, con deseos eternos atrapados en instantes. Un navegante sin cuadrante ante un océano eternamente cambiante, de anhelos delirantes, bastante urgentes e innegablemente irrelevantes. Un diamante andante con un solo pensamiento, no brillante pero repugnante, el único constante, no por lo interesante, sino por lo incesante: que solo por mí ibas a quedarte.

Semiadioses/16

Hoy paré de escucharme
Me cansé de inventar por ti las excusas que pudieras darme.
Aprendí que aguantando el duelo solo espanto al consuelo
pero que bonito era el purgatorio cuando no conocía el cielo

Besos de papel/2

Se dice que el mundo en el que vivimos implora que se le bese, para que la realidad actual procese que es momento de que comience a transformarse, mientras el presente se convierte o desaparece. El beso humano marca el regreso de este a la humanidad, así sea para tomar un receso de la realidad superficial de la cual parece estar preso o para comenzar a soñar con acariciar algún progreso. Yo escribo para dejarle mis besos al mundo. Porque creo en lograr capturar e inmortalizar la magia que se da entre los pares de labios cuando se dejan de buscar. Creo en emplearla en todo lo que hago, porque veo el beso como algo profundo con capacidad de acabar con cualquier estrago; porque cuando deje el planeta y ya no esté en él, donde mis labios no estén, estará mi papel.

El lenguaje es infinito

Todo está dicho, mas no de todas las maneras posibles. El lenguaje es infinito. Las luces del dialecto le iluminan nuevos caminos al intelecto cada vez que pasa cierto tiempo, para ver a alguien adoptar el pasatiempo perfecto de tomar el reto directo de observar al mundo con sus eternos defectos, e intentar escribir lo más hermoso al respecto. Mientras tanto, la musa usa la parte ilusa de cualquier mente profusa y re-usa, de manera confusa, aquellas palabras de las cuales el olvido sin duda abusa. En ocasiones, antiguas lecciones deciden terminar con sus vacaciones y comienzan a trabajar en canciones, opiniones, guiones y discusiones. Por aquello de recordarle al mundo que siguen siendo opciones. De vez en cuando van reencarnando frases que estábamos ignorando, recuperando a la fuerza el trono que la jerga moderna les estaba ocupando. A veces vuelven a circular de manera regular, como si quisieran salir un rato a jugar, expresiones vacías que lanzamos al azar, pero en este mundo (y en otros quizás) con letras de más, narrativa eficaz, poetas sin paz y palabras para mí y para los todos los demás, siempre, siempre habrá –y se hablará- de más.

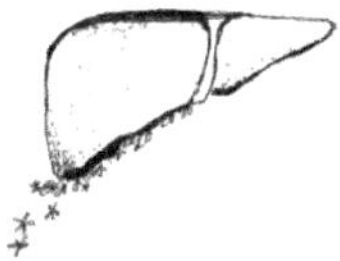

Puntos de vista

Ya estoy harto de ser preso de unos pensamientos que no son míos, estoy cansado de ser la corriente en lugar de ser el río, me aborrece buscar calor en lugares tan fríos. Desprecio sentir que desaparezco en el gentío, repudio que todo lo que digo resulta tardío, me parece injusto que por seguir mi camino siempre me desvío. Yo puedo ver las cosas desde tu punto de vista, pero tú no puedes verlas desde el mío.

Semiadioses/17

pensaba que la relación estaba extinta
y de la nada, me diste mas tinta.

Semiadioses/18

Espero poder algún día dejar de pensar en mí para poder pensar en ti

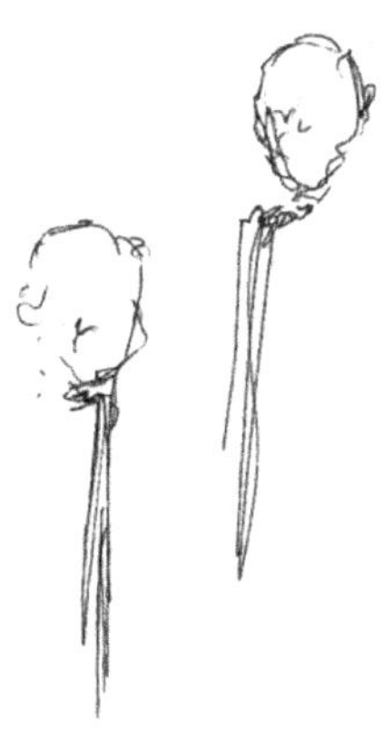

Si el mundo fuera un edificio

Si por casualidad algún día el planeta dejase de ser redondo para ser vertical, creo que sería natural preguntar en qué piso, cómo, dónde y por qué se va a ubicar cada lugar.
De comenzar por el vestíbulo sería interesante proponer el Sur de África, como la paradójica recepción de cualquier visitante, para verles entrar por el sitio que esconde, por un instante detrás de edificios y lujos impresionantes, su cercanía a la pobreza rampante.

Después de un rato en este principio de mundo parecería preciso identificar y localizar maneras de explorar lo que falta por evaluar, los elevadores serían el próximo destino a visitar. Como entre paredes no vuelan aviones y entre voces viajan distintos matices, nos urgiría asignarle a algún o algunos países el rol de las aves grises. La historia del caribe y, de Puerto Rico en particular, les pinta como un candidato capaz de dejar a un lado cualquier interés individual para realizar el trabajo sin preguntar, protestar u objetar, de recibir desinteresadamente al interesado visitante y servirle de puente entre lo que ya tiene y lo que le falta por conquistar.

Los primeros pisos serían un paseo por la Unión Europea y la historia (para quien lea) en revuelos de este recién nacido rascacielos. Grecia y Roma, pilares de la cultura, proveerían la dura y firme estructura de una torre de inmensa altura. España, que alguna vez fue el tope de un palacio que existió en un cuento de quién sabe hace cuanto, tendría a los toreros haciendo a los toros saltar por las ventanas, una zona de fumadores totalmente insana y una monarquía considerada por otros niveles como naranja entre manzanas. En el suyo los ingleses tomarían té en sus grisáceas salas y tendría un reloj gigante a menor escala. Italia y Francia decorarían sus paredes con excelencia, como si fuera una competencia de pretensión. Japón, Corea y China, como centro del ingenio y de la ciencia, operarían las cocinas que alimentarían el planeta desde el piso hasta la cima.

El centro del edificio podría ser tanto el piso más ordinario como el más especial, el más insignificante e igual el más esencial. Nueva York, como la capital no oficial de la vieja esfera global, recibiría de modo trivial al visitante en este punto crucial, donde la brutal realidad se mezcla perfectamente con la propuesta irreal del gran sueño americano material. Y así, como una pregunta que no se puede contestar, todo lo que pasa antes de este lado pasa en cámara lenta, como si no quisiera pasar. Todo lo que pasa después va rápido, como si quisiera acabarse antes de que las personas pudiesen llegar.

La mitad de arriba del nuevo diseño mundial correspondería a América, el nuevo mundo dentro del mundo nuevo y nada más. Donde se portan semblantes sin precedentes, donde más que ser gente son reflejos compartiendo el mismo espejo, reflejando, con o sin complejo, posiciones históricas diferentes a los pisos viejos. El presidente-residente controlaría como demente y dolería como carie entre dientes. Como prueba evidente bastaría observar lo que el recorrido nos pondría de frente. Para llegar a Cuba habría que utilizar únicamente las escaleras por su culpa, pues el dueño demente del elevador lo que no recluta lo ejecuta; México sería víctima de ese mismo vecino insoportable que provoca la disputa y se sienta a esperar la disculpa, en Chile aun desconfiarían del sistema de seguridad, agarrando las puertas que de una manera u otra todavía y siempre ven temblar. Brasil solo podría diferenciarse del resto ante quien venga por la lengua. Colombia mostraría ser más de lo que hacen parecer a quien sea que se atreva a pasar y ver. Venezuela sería una lección hecha sección de edificio, donde le enseñan a quien visita que ser político puede ser el peor de los oficios. Argentina y Uruguay serían cunas de voces como ningunas, capaces de inspirar en quien quieran la musa oportuna.

Y el techo pues no sé, ningún visitante ha querido regresar para contar qué es lo que se ve en ese lugar.

La fugacidad de la vida

Rolando recordó la última vez. Recordó enfrentarse al destino como juez por primera vez. Recordó cuando vivía una vida desprendida de cualquier noción o percepción de la realidad. Le resultaba fácil alcanzar la felicidad si dejaba de pensar al tiempo en su totalidad y fugacidad. No era difícil acostumbrarse a la idea inverosímil de dominar los segundos, minutos y horas como el sutil músico con el atril. El tiempo le parecía una escala muy común, y aferrarse a lo común le parecía imperdonable. Así siempre había actuado, dándolo todo por sentado. En una línea recta, sobre la esfera del mundo acostado. Se necesitaba otra escala para medir lo que vivía y lo que le había pasado (por dentro y por el lado). Buscaba preocupar aquello que le ocupaba. Necesitaba ser así para tener prueba de que sentía. Necesitaba ser así, porque su primera última vez venía tardía. Al fin y al cabo, no estaba matando el tiempo, el tiempo lo estaba matando a él. Entonces, por fin ocurrió la primera última vez. Aquella vez en la que todo terminaba y empezaba, lo que ahora es (o no es). Aquella vez en la que reconoció el futuro. Fue duro, pues reconocer el futuro es bajarse del pedestal impuro para reconocerse como mortal puro. El tiempo le pareció de repente tan poco, porque todo pasaría ahora y no quedaría nada para después. Esa vez, iba a ser como cualquier otro hasta que le viró el mundo al revés ¿Ves?
De llegar a saber cómo buscaría la manera de volver, y vivir para trascender y no para desaparecer.

El resuelve

El mayor conector entre autor y lector siempre será ese sentimiento unificador que les sirve de motor. Para el autor es el desamor y para el lector la quizás falsa ilusión de amor.

Solo porque es más fácil escribir sobre la número uno y leer sobre la número dos.

Plot twist/1

Giro argumental: Ambos estaban mal

Semiadioses/19

En el fondo lo que más me perturba es tu silencio, que no me da ninguna respuesta pero tampoco me concede ningún espacio para dudas.

(Es tanta la tranquilidad y tan poca la paz)

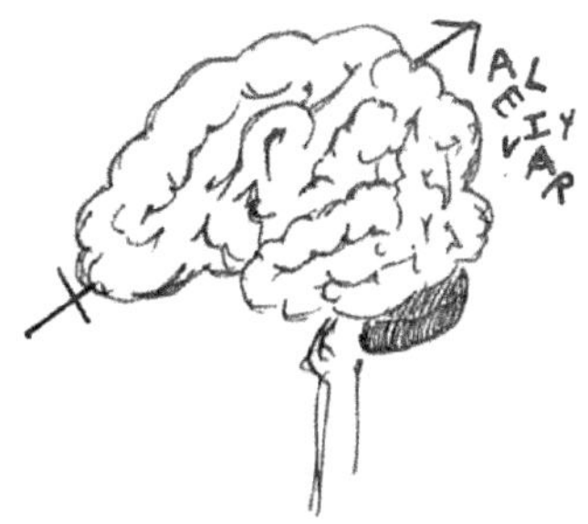

Muerte Creativa

Hacía mucho tiempo que se había rendido, pero no necesariamente porque la idea estuviera en el olvido. El motivo no había huido, simplemente otra era la razón por la cual no había sido. No había manera de plasmar todo lo vivido sin terminar perdiendo todo aquello conocido como sentido. Si hubiera podido enseñarle todos los alfabetos en los que la había querido, todos los dialectos en los que la había deseado y todos los idiomas en los que le había amado, habría muerto ahogado y vencido por su ruido prohibido, con las letras de su nombre en la mano y en la boca las de su apellido

Semiadioses/20

Mira si aún eres importante
Que este libro lo escribí recordándote
(con la intención de olvidarte)

Crónica de dos peces

"Nos queríamos en una dialecta de imán y limadura
de ataque y defensa,
de pelota y pared"

-Julio Cortázar

Empecé a despertar mientras tú dormías. Empecé a escribir mientras tú aún no leías.

Una crónica irónica, quizás sin retórica, con el sueño y su capacidad histriónica como la primera figura antagónica.

Comencé por construir en tu pecho un hogar en el que no sabía que vivía. En él soñé fantasías sin saber que en ellas te incluía. Navegue por vías que juré que no existían y entre noches de sintonía, viví mis mejores días. Dibujé en tu espalda una versión fría del sentimiento que me poseía y, tan pronto me giré a dormir, despertaste tú a dibujar otra cosa en la mía.

Dibujamos caminos y descubrimos sueños.
Encontramos la felicidad, sin querer hacernos sus dueños

Respondiste las preguntas que me hacía. Jugaste tanto el rol de incógnita, como el de la respuesta que intuía
Soplaste en mis páginas las brisas de poesía de las que tanto carecía
y sin saber que sabías le supliste clerecía a mi juglaría

Y seguimos redactando una crónica irónica, quizás sin retórica, con el destiempo y su capacidad histriónica como la primera figura antagónica.

Cambiaron los comandos y perdimos el control
Habló la Real Academia en un idioma que no era español
La luna se puso, pero sin el arrebol, pasaron las noches y cambió de fase el sol
Comenzó la obra y aun no sabíamos nuestro rol

A pesar de todo, me moviste la mano
Que escribió versos tibios como el color del verano
Construyendo en papel un escenario tan lejano
Ni León Felipe habría sido capaz de crear un blasfemo freudiano

Dándole vida a una crónica irónica, quizás sin retórica, con la ambivalencia y su capacidad histriónica como la tercera figura antagónica.

Y cuando sentí que la tierra firme trataba de hundirme, fui un dialecto incomprensible, y trataste de traducirme. Fui un concepto invisible e intentaste descubrirme. Fui una meta inalcanzable y tú lograste conseguirme.
Yo muriendo por escaparme y tú no me dejabas irme.

Y mientras todo esto pasaba, lograste confundirme.
Así, como quien entra a otra zona
Pasaste a ser más idea que persona
Y mientras todo lo dejamos en la mesa
Construimos un rompecabezas que todavía ninguna de nuestras cabezas procesa

Una crónica irónica, con la indiferencia, el orgullo y la distancia, y su capacidad histriónica como cuarta figura antagónica

No obstante, ha sido un placer soñar contigo
Tanto con tu ausencia cuando estoy en tu presencia
Y con tu presencia cuando abrazo tu ausencia
Con balancear los ratos en los que decides usar tu don de ubicuidad
Con aquellos que dedicas a hacerme experimentar lo que es la soledad
Soñar con que un día nos dejarás de soslayar
para optar por intentar
Y que juntos miraremos hacia no sé dónde, hacia donde nadie sabrá

Una crónica irónica, con la entelequia, sintonía, la asintonía, las marchas, las contramarchas y su capacidad histriónica como ultima figura antagónica

Empecé a despertar mientras tú dormías.
Empecé a escribir mientras tú aún no leías.
Entonces fue que entendí
Escribí cosas contigo que tendré que leer sin ti

Confesiones inéditas/5

Escucho violines cuando te pienso

La quería con la eternidad que concede
la brevedad de un momento inolvidable
-Elvira Sastre

Te quiero (aún en medio del incendio)

Te quiero con la incertidumbre de aquello que no tiene sentido mientras está pasando
Y que te altera todos los sentidos cuando deja de pasar

Te quiero con la certeza de quien no le importa que las cosas se pierdan,
Porque sabe que las va a encontrar

Te quiero con la inocencia de un niño que aún no reconoce las ausencias
Por las cuales le ofrecen condolencias

Te quiero con la paz de quien se siente capaz de nada desear
Cuando ve pasar una estrella fugaz

Te quiero con la alegría de ver llegar el día de por fin encontrar todo lo que sentías
Escrito en poesía

Te quiero con la urgencia de quien busca aire para respirar,
Pensando que se puede ahogar

Te quiero con la libertad de quien alinea su lealtad
Con su fuerza de voluntad

Que te quiero con el amor de quien juega con el fuego, porque ante la posibilidad de quemarse,
Ser parte del incendio luce mejor

Uno siempre se queda con lo bonito

Le pasaba los ojos por encima incrédulo, como en un suspiro sujeto de un péndulo, en un relato lento, como un evento de cuento, como si estuviera leyendo poesía de carne y hueso en cada momento. Estar con ella era emprender una excursión quasi-impredecible, en un vuelo que pasaba sobre fronteras, barreras, escaleras, eras, ciudadelas y primaveras. Era ver el anochecer sorprender a la tarde con un poema despojado de disfraces, escrito con letras hechas de estrellas fugaces. Era algo inenarrable, absolutamente diferente a la rutina y los hábitos tradicionales y estables, a las repeticiones "inquebrantables", al reemplazable menú de principios innegables, al pequeño e inalcanzable espacio entre tierra, agua y aire, a cualquier fantasía imaginable, incluso incomparable a cualquier otra experiencia inolvidable. Hablarle era como caminar por casas hechas de ventanas sin persianas, con palabras y carcajadas que bailaban como campanas, con múltiples jardines donde cultivaba pasiones hasta entre los adoquines, que florecían invitándome a que camine o quizás a que imagine. Uno siempre es uno, pero con ella sentía que yo solo era más que uno y que los dos juntos éramos menos de dos. Era como recorrer un camino hacia mi lugar favorito que ahora se esconde, siempre más un quién que un dónde, pero en una pausa al finito final infinito, termino con lo escrito y me repito: uno siempre se queda con lo bonito.

ACERCA DEL AUTOR

Eric Colón nació el 20 de diciembre de 1999 en Caguas, Puerto Rico. Desde una temprana edad mostró interés por las artes, experimentando en distintas ramas como el dibujo, la pintura, el teatro y el cine.

A sus 17 años, comenzó a escribir poemas con intenciones más allá de un simple pasatiempo. Durante sus estudios en el Colegio Católico Notre Dame escribió para el periódico SCALA.

En su vida universitaria en *Pace University* (NYC) comenzó a publicar los primeros textos de lo que sería su primer libro *Semiadioses* a través de distintos clubes.

Actualmente cursa su Bachillerato en International Management en dicha Universidad, con un *minor* en *Creative Writing*, y tiene como meta ser autor.

www.ingramcontent.com/pod-product-compliance
Lightning Source LLC
LaVergne TN
LVHW050602160826
845677LV00011B/2417